ГБ 55 1950

DU

CRÉDIT FONCIER,

PAR

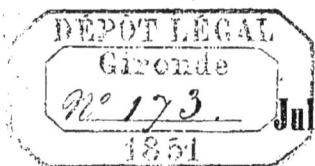
Jules MARTINELLI,

Président du Comice agricole de Nérac.

Quand on ne veut pas diminuer
le fardeau, on doit au moins forti-
fier la monture.

BORDEAUX,

Chez FÉRET fils, libraire, fossé de l'Intendance, 15.

FEVRIER 1851.

CRÉDIT FONCIER.

—— ◦◦◦ ——

Cultivateurs mes confrères,

Il n'est pas en ce moment de question plus importante que celle-ci pour le pays d'abord, et pour vous en particulier. J'ai la ferme conviction que l'organisation du crédit foncier en France, serait un grand pas vers la pacification des esprits, car elle déterminerait d'immenses entreprises, dont le bienfait ne serait pas seulement dans le travail qu'elles procureraient, mais dans l'abaissement du prix de tous les objets nécessaires à la vie. L'avenir apprendra tout ce qu'est capable d'exécuter l'activité humaine, lorsqu'elle est secondée par une grande masse de capitaux circulants. Nos enfants s'étonneront un jour que cette mesure ait rencontré à son apparition, une vive opposition chez quelques-uns, de vagues préventions ou de l'indifférence chez le plus grand nombre. C'est affaire d'ignorance de la part de ceux-ci, et calcul intéressé de la part de ceux-là.

Voilà les deux adversaires que nous sommes réduits à combattre aujourd'hui. Car une idée nouvelle ne peut prétendre au rang d'institution, que lorsqu'elle a su se populariser.

C'est pour concourir à cette utile propagande, dans la mesure de mes faibles efforts, que j'aborde ce sujet avec vous.

Je vous paraîtrai peut-être trop élémentaire sur quelques points ; mais j'aime mieux encourir ce reproche, que le reproche contraire. D'ailleurs l'esprit humain procédant toujours du connu à l'inconnu, il est utile dans toute démonstration, de bien établir son point de départ.

Les *capitaux circulants* contribuent puissamment au développement de la richesse publique. A vrai dire même, ils en sont l'élément vital, car leur rôle est de mettre en valeur, de féconder les *capitaux fixes* ; sans leur secours, ces derniers resteraient frappés de stérilité. Vous avez sur la surface du globe des étendues immenses, qui restent sans produit et sans valeur ; est-ce la fertilité qui leur manque ? Pour la plupart, ce sont des terres vierges. Sont-ce les bras ? ils surabondent sur d'autres points, et accepteraient avec empressement l'emploi avantageux qui leur serait offert dans l'exploitation d'un sol primitif. Ce qui leur manque, ce sont des capitaux mobiles. Voyez l'Angleterre ; pourquoi ses industries surpassent-elles en activité et en développement celles de l'Europe entière ? parce qu'elles opèrent avec le secours d'un fonds de roulement supérieur à celui dont peuvent disposer toutes les au tres nations réunies. Prenez pour exemple son agriculture seulement. Elle a un sol et un climat inférieurs au nôtre, et cependant elle en obtient un produit double ; le rendement moyen de l'hectare y est de 22 hectolitres, et de 11 seulement en France. Vous vous expliquerez cette puissante influence des capitaux circulants, si vous réfléchissez que ce sont eux qui fournissent en définitif aux capitaux fixes les matières premières, les instruments de travail et les salaires.

Ils consistent en *numéraire* et en *papier* de circulation. L'emploi exclusif des métaux précieux, comme instrument des échanges, accuse l'enfance de l'industrie. A mesure que l'importance des transactions s'est accrue, on a senti la nécessité de recourir à un nouvel agent. Les valeurs fiduciaires ont été créées, le crédit a été fondé.

Comment se fait-il que des trois grandes industries qui résument toute l'activité sociale, deux seulement, les manufactures et le commerce aient seules profité jusqu'à ce jour des bienfaits du crédit ? Pourquoi l'agriculture en a-t-elle été complètement privée, elle qui exploite un capital engagé, dix fois plus considérable que celui des deux autres industries réunies ? Serait-ce qu'elle peut s'en passer ? L'exemple de l'Angleterre, que je vous citais tout-à-l'heure, ne permet pas une pareille supposition. Serait-ce qu'elle n'est pas dans

les conditions voulues pour émettre un papier de circulation ? Bien loin de là, mes
chers confrères , les développements dans
lesquels je me propose d'entrer, ont précisé-
ment pour objet de vous prouver qu'elle est
en mesure de fournir un signe représentatif
infiniment supérieur à tous ceux qui ont été
employés jusqu'à ce jour. Pour arriver à la
démonstration de cette vérité, nous devons
suivre les autres industries dans le développement graduel de leur système de crédit.

La monnaie a une valeur *intrinsèque* , ou
extrinsèque. La valeur est intrinsèque dans
la monnaie métallique ; elle est extrinsèque
au contraire dans la monnaie de papier ; elle
consiste dans un gage quelconque distinct
et séparé du titre livré à la circulation ,
mais qui en assure le paiement. Tous les
systèmes de crédit consistent uniquement
dans les diverses combinaisons imaginées
pour fonder cette garantie. Je vais les exa-
miner sommairement.

Les *Banques de dépôt* furent le premier
essai en ce genre. Les négociants consignaient
leurs marchandises dans de vastes entrepôts
communs, et se faisaient immédiatement ou-
vrir un compte-courant, dans lequel on les
créditait du montant approximatif des den-
rées déposées. Les paiements à effectuer entre les divers déposants s'opéraient au moyen
d'un simple virement de parties; c'est-à-dire
que le débiteur faisait débiter son compte-

courant et créditer celui de son créancier de
la somme qu'il devait. On parvenait ainsi à
se passer de numéraire, et les paiements of-
fraient toute la sécurité désirable, puisqu'ils
étaient garantis par les marchandises déposées. C'était le système de *crédit réel*, dans
son acception la plus simple et la plus sûre,
mais en même temps la plus limitée.

La *lettre de change* fut chargée de fran-
chir cette limite. Aux relations locales et
instantanées, elle substitua des relations à dis-
tances et à échéances. Mais supérieure à la
banque de dépôt comme agent de circulation, elle lui était inférieure sous le rapport
de la solidité ; car elle remplaçait le crédit
réel par le crédit *personnel*, le gage spécial
par une garantie générale, qui embrassait
bien tout l'actif du débiteur, mais qui ne
lui interdisait pas d'émettre du papier au-
delà du montant de cet actif ; et dans la réalité, c'est ce qui a toujours été fait; delà les
catastrophes commerciales.

On sentit bientôt la nécessité de revenir,
au moins partiellement, au principe de la
spécialité, et les *Banques d'escompte* furent
fondées. Ces établissements, comme vous le
savez, sont un foyer commun, où les lettres
de change viennent, en se soumettant à l'escompte, se fondre pour reparaître sous forme de billets de banque, c'est-à-dire de promesse collective. A la garantie individuelle
se substituait ainsi celle d'une institution

premier avantage ; une réserve de métaux précieux demeurait déposée dans les caves de la Banque pour répondre de ses billets, deuxième avantage ; mais avantage incomplet encore, car l'encaisse métallique ne représente environ que le tiers ou le quart de la valeur des billets en circulation ; et l'on ne peut dire que les lettres de change escomptées, qui composent le portefeuille de la Banque, complettent suffisamment cette garantie, car les nombreuses catastrophes, qui ont atteint ces établissements depuis leur origine, donneraient un démenti formel à cette confiance absolue.

Il y avait donc un nouveau progrès à faire, et il a été réalisé dans les pays voisins par l'organisation du *crédit foncier*; espérons qu'il le sera bientôt aussi chez nous. Le moment est venu de vous en faire connaître les combinaisons aussi simples que fécondes.

Vous aurez à Paris une *banque foncière*, comme vous avez une banque de France. Elle aura une succursale dans chaque chef-lieu de département. Elle formera une institution privée, sur laquelle l'Etat n'exercera qu'un simple droit de surveillance.

Elle ne prêtera jamais au-delà de la moitié de la valeur des immeubles, et qu'en première hypothèque. Le propriétaire, qui veut emprunter, se présentera à la banque avec un extrait de ses contributions, pour cons-

tater la valeur de ses immeubles. Il consen-
tira à la banque un contrat hypothécaire,
dans lequel il s'engagera à payer annuelle-
ment 5 o[o du capital emprunté, qui se dé-
composent ainsi : 3 65 (soit 1 centime par
jour) représentant l'intérêt, 15 centimes
pour frais d'administration, et 1 fr. destiné
à amortir le capital en 41 ans au moyen de
l'intérêt composé. Le paiement de cette an-
nuité sera poursuivi contre lui, en cas
d'inexactitude, par les voies expéditives em-
ployées pour le recouvrement de l'impôt.

En échange de son contrat, l'emprunteur
recevra, non des écus, mais des billets au
porteur, émanés de la banque même, pro-
duisant 3 fr. 65 o[o d'intérêt, et qu'on ap-
pellera par ce motif *billets à rente*. Ils ne
descendront pas au-dessous de 100 fr., comme les billets de la banque de France ; ils
n'auront jamais cours forcé, mais ils obtien-
dront, comme nous le démontrerons bientôt, une confiance supérieure à celle de toute
autre monnaie ; ils serviront au propriétaire
à faire les divers paiements qui auront mo-
tivé son emprunt.

L'intérêt de ces billets sera payé par la
banque à des époques semestrielles. Les
tiers, qui se les transmettront, ajouteront à
leur valeur l'intérêt couru depuis le com-
mencement du semestre , opération très-
simple puisque l'intérêt de 100 fr. est d'un
centime par jour. L'Etat interviendrait uni-

quement pour assurer le paiement régulier des intérêts, en se subrogeant à la Banque dans les poursuites à exercer contre le débiteur retardataire. Le percepteur serait chargé du recouvrement de l'intérêt en même temps que de celui de l'impôt. L'Etat conserverait dans tous les cas son recours en garantie contre la banque.

Voilà le système dans sa plus grande simplicité, et dégagé des détails accessoires, dont j'ai jugé inutile de préoccuper votre attention.

Le premier essai en fut fait en Silésie en 1770, après la guerre de sept ans, qui avait dévasté cette province. L'agriculture réduite à la plus grande détresse se releva promptement sous son influence, et cet exemple gagnant de proche en proche, le système fut successivement adopté dans toute l'Allemagne centrale, en Prusse, en Autriche, en Pologne, en Hongrie, en Russie, en Danemark, dans les villes anséatiques, et tout récemment en Belgique. Il servit d'abord à affranchir la terre des redevances féodales qui pesait sur elle ; il fut ensuite appliqué à des améliorations foncières avec un tel succès, que l'agriculture allemande placée dans des conditions de sol et de climat bien inférieures aux nôtres, nous a depuis longtemps distancés.

Les billets à rente ont eu à traverser, dans cette longue période, des circonstances bien

difficiles, notamment les guerres d'invasion
de l'empire; ils se sont toujours tenus à un
cours plus élevé que toutes les autres valeurs. Dans les temps calmes, ils ont constam-
ment été négociés avec une prime, qui s'est
élevée quelquefois à 10 o[o.

Les établissements de crédit en Allemagne varient dans leur mode d'organisation,
mais tous reposent sur deux bases fondamen-
tales, qui sont l'intérêt attaché au billet de
circulation, et l'extinction de la dette par
voie d'amortissement , qui n'empêche pas
l'emprunteur de se libérer par des à-comp-
tes.

Je vais vous démontrer les avantages de
ce système : 1°. au point de vue de l'intérêt
général, 2°. au point de vue spécial de l'intérêt agricole. Je terminerai par la réfutation
des objections dont il a été l'objet chez nous,
depuis que l'attention publique commence à
s'en préoccuper.

1°. J'envisage d'abord les avantages du système au point de vue de l'intérêt général.

Ce que j'ai dit suffit pour que vous com-
preniez déjà la supériorité du billet à rente
sur les valeurs fiduciaires aujourd'hui exis-
tantes.

Comparé à la lettre de change, il a, entre autres avantages, celui d'une solidité par-
faite. L'erreur la plus répandue aujourd'hui
c'est que le crédit n'est qu'une *anticipation
de l'avenir*, un moyen de mettre en circula-

tion des valeurs qui n'existent pas encore.
Aussi en le considérant sous cet aspect on est
frappé de ses dangers autant que de ses avantages. Les malheurs isolés, et les grandes
crises commerciales, qui viennent à de courts
intervalles affliger la société, devraient ou-
vrir les yeux sur la fausseté de cette théorie,
et faire comprendre enfin que l'industrie ne
doit jamais revêtir le caractère immoral d'un
jeu, que le repos de la société ne peut être
livré aux chances d'un coup de dé.

La propriété d'anticiper sur l'avenir n'est,
dans tous les cas, qu'une face partielle et
très-subordonnée du crédit. Son véritable
rôle est *la métamorphose des capitaux stables et engagés en capitaux circulants et
dégagés*. Le crédit foncier, tel que nous l'a-
vons expliqué, satisfait complètement à ce
principe. Le billet à rente, qui n'est autre
chose que de la terre monnayée, est donc bien
supérieur à la lettre de change et aux effets
de commerce en général, qui ne sont que de
simples promesses dépourvues de tout gage
spécial.

Il est supérieur également au billet de
banque sous deux aspects : le premier, c'est
que le gage réel dont il est assorti excède le
montant de sa valeur, tandis que pour le
billet de banque il n'est que du tiers au
quart.

Le second, et celui-ci est le plus impor-
tant, c'est qu'il est productif d'intérêt. On

s'explique très-bien cette différence, si l'on réfléchit que l'encaisse métallique des banques d'escompte étant un capital mort, celles-ci ne peuvent payer un intérêt, tandis que la terre qui sert de doublure au billet à rente produit un revenu dans les mains de l'emprunteur.

Eh bien ! Messieurs , cette simple différence, ce n'est rien moins qu'une révolution dans le système de la circulation et du crédit. Elle imprime, en effet , au billet à rente le double caractère de *monnaie* et *d'effet de placement.* Or, vous allez voir l'immense portée de ce fait, sur lequel j'appelle toute votre attention.

La monnaie de métal ou de papier ne donne lieu à un profit ou à une satisfaction, qu'au moment où nous nous séparons d'elle ; tant qu'elle dort dans les coffres, autant vaudrait une pierre. C'est l'inverse pour l'effet de placement, qui ne nous donne un revenu que pendant que nous le gardons. Ces deux genres de valeurs se trouvent donc dans un rapport d'opposition absolue ; le seul avantage du numéraire est dans sa circulation, celui de l'effet de placement dans son immobilité. Ces deux avantages, qui ne se sont pas encore trouvés réunis , le billet à rente nous les présente ; circulant ou inactif, il est toujours et de toutes manières profitable. Voilà ce qui constitue sa supériorité sur tous les titres et monnaies connus jusqu'à ce jour.

Par suite de cette propriété remarquable, il élève le revenu à la puissance de l'intérêt composé, puisque le revenu arrivera dans nos caisses sous forme de capitaux productifs. Il développe ainsi l'épargne , l'un des nerfs les plus puissants de la richesse des nations. Il remplit réellement pour le riche comme pour le pauvre les fonctions de *caisse d'épargne*, pour toutes les sommes qui ne seront pas inférieures à 100 fr.

Et, en ceci, Messieurs , il rendra un immense service non-seulement aux particuliers, mais à l'Etat, qui, dans un avenir signalé par tous les hommes de finances , est menacé de succomber sous le fardeau sans cesse grossissant des caisses d'épargne.

Comme monnaie, le billet à rente a sur le numéraire de métal et de papier un autre avantage, c'est qu'il ne subira jamais de dépréciation, quelle que soit son abondance. Supposez, en effet, que l'émission des billets à rente vienne à excéder les besoins de la circulation, ils resteront en portefeuille conservant leur rôle de placement , et prêts à rentrer immédiatement dans la circulation dès que la rareté de l'argent se fera de nouveau sentir. Ils constitueront ainsi une réserve disponible , une assurance contre le manque de capitaux sur place, sans l'obstruer nullement toutes les fois que ceux-ci deviendraient superflus. Ainsi, au lieu de cette disproportion continuelle entre l'offre et la demande des capitaux , au lieu de ces intermittences si fréquentes de disette et d'abondance d'argent , vous aurez un équilibre permanent.

L'Angleterre a fait plus d'une fois la douloureuse expérience du danger provenant des variations causées par le plus ou moins d'émission de papier de banque. Quelques précautions que l'on prenne , les banques agiront toujours puissamment sur la circulation monétaire, et, par suite, sur l'état des prix, et exposeront ainsi la société à des crises redoutables.

Sous le régime des billets à rente, le contraire aura lieu; ce ne sera plus l'émission des billets qui influera sur le prix des choses, c'est l'état des prix qui influera sur l'émission des billets, les fesant sortir du portefeuille, ou les y fesant rentrer. Ainsi, la proportion des émissions sera un fait spontané, naturel , indépendant de toute influence étrangère , tandis qu'elle est aujourd'hui un fait artificiel, capricieux et soumis aux velléités intéressées de corps privilégiés.

En régularisant la somme des valeurs réclamées par la circulation, nous régularisons du même coup le taux de l'intérêt. Ses variations sont l'un des plus graves inconvénients du système actuel. Il s'élève outre mesure dans les temps de crise et tend par conséquent à les aggraver. Non-seulement les transactions sont en parties suspendues par le manque de capitaux, mais celles qui se font deviennent désastreuses par les sacrifices qu'on s'impose pour avoir de l'argent. Dans notre système, le taux de l'intérêt gravitera nécessairement toujours aux environs de la rente des billets, car à la moindre tendance à la hausse, ceux-ci sortiraient immédiatement du portefeuille, et y rentreraient à la moindre tendance à la baisse.

A vrai dire même, la rente attachée au billet serait le taux normal auquel se traiteront les transactions. Ce sera bien, en apparence, pour une somme de 100 fr., mais en réalité pour une rente de 3 fr. 65 c., que se vendra un objet. Cette substitution de la rente au capital ne sera que la constatation de ce fait irrécusable, que nous jouissons, non des capitaux, mais des revenus ; que les premiers ne nous servent que comme moyen de nous procurer les seconds, qui pourvoient définitivement à nos besoins. Or, qu'est-ce qui doit nous tenir le plus à cœur de la fixité du capital ou de celle du revenu? Ce serait donc faire faire un pas immense à la stabilité du rapport des capitaux, que de reconnaître la rente pour *principal.* Au lieu de supposer les capitaux toujours stables et la rente flottante, reportons la fluctuation au capital, et stabilisons la rente, car elle est éminemment propre à servir d'étalon de valeur.

A mesure que nous avançons, nous voyons grandir le rôle de notre institution ; et nous

ne sommes pas encore au bout. La voilà
maintenant qui va procurer à la société un
bienfait à la fois matériel et moral, en mettant un terme au trafic des fonds publics, au
scandale de l'agiotage, en emportant les clefs
de la bourse. Ce résultat inévitable, qui vous
explique l'opposition intéressée, dont je
vous parlais en commençant, voici comment
il arrivera.

Mes honnêtes confrères les cultivateurs
savent très-bien comment les écus s'en vont
de chez eux, mais ils ignorent pourquoi ils
n'y reviennent plus. Je vais le leur apprendre.

Concevez-vous une plus belle opération
que celle-ci : l'Etat a besoin de 200 millions;
je suis gros banquier, je les lui prête au
taux de 90 ; mais j'ai à ma porte des milliers
d'acheteurs, qui viennent sous-traiter avec
moi au prix de 92 ; ce que j'ai acheté en gros,
je le leur revends incontinent en détail ; c'est
avec leur argent, et non avec le mien, car je
ne délierai pas les cordons de ma bourse,
que je m'acquitte envers l'Etat ; et j'ai ga-
gné 4 millions dans ce tour de passe-passe,
souvent d'avantage, si au moyen de mes puis-
santes ressources, j'ai pu opérer une surexci-
tation momentanée dans les fonds publics.
Aussi je bénis les guerres, les révolutions,
les folles prodigalités, qui obligent l'Etat à
s'endetter, et qui me procurent ces bonnes
aubaines. Mais tout cela n'est praticable qu'à
une condition, c'est qu'il y aura sur place

une masse considérable de capitaux oisifs et cherchant de l'emploi ; il faut donc les y attirer et les y retenir. Pour cela, voici ce qui a été fait.

On s'est d'abord adressé à l'une des passions les plus véhémentes du cœur humain, à la passion du jeu. On a monté à Paris une grande roulette, qu'on a dotée d'un monument splendide, et décorée d'un nom séduisant. On y attire non-seulement la fiévreuse cohorte des joueurs par l'appât du gain, mais la nombreuse et paresseuse famille des rentiers par l'attrait d'un revenu ponctuellement perçu à jour fixe, sans souci de gestion, sans charge d'impôt. Voilà la clientèle des financiers, qui se grossit chaque jour des capitaux que la pompe aspirante de l'impôt soutire à la production. Et voilà, braves cultivateurs, l'abîme où vont s'engloutir les écus que vous faites avec les dents. Voilà la cause de votre misère, de votre agriculture au rabais, de l'épuisement de vos terres, de l'usure qui vous ronge. Mais vous ne savez que vous plaindre ! le remède est cependant bien simple, c'est d'imiter les procédés de vos adversaires.

Quelle est la base de leur système d'opération, et la source de leurs profits ? C'est une valeur en papier créée et garantie par l'État, dont le capital n'est pas remboursable, et qui produit intérêt ; on l'appelle *inscription de rente.* Qui vous empêche de créer aussi un papier? Car, après tout, qu'est-ce que la garantie de l'Etat, sinon celle des contribuables, c'est-à-dire la vôtre? Et, ce que vous faites par l'Etat, votre mandataire, pourquoi ne le feriez-vous pas par vous-mêmes? Vous pouvez même donner à votre papier direct une valeur bien supérieure à celui qu'émet votre mandataire, en ajoutant à la garantie purement *morale* que vous fournissez pour celui-ci, une garantie *matérielle* par l'affectation hypothécaire de vos propriétés; en substituant à l'amortissement dérisoire du papier de l'Etat, un amortissement sérieux et graduel, en 41 ans, par la retenue de 1 pour cent sur l'intérêt; en donnant à ce titre de placement le précieux caractère de monnaie, par la transmissibilité de la main à la main, au lieu du transfert par l'intermédiaire onéreux d'un agent de change. Voilà comment vous enlèverez aux banquiers leur clientèle, en la ramenant à l'industrie des champs, qu'elle n'aurait jamais dû déserter. Ce jour-là le grand tripot sera fermé.

Du reste la création de ce nouvel agent, que nous invoquons, comme le perfectionnement absolu de la circulation, pourrait bien devenir bientôt son seul et unique refuge par la dépréciation de plus en plus imminente des métaux eux-mêmes. L'or se démonétise en ce moment. Ce sera bientôt le tour de l'argent. Les mines de ce dernier

métal sont d'une extrême abondance. Sa va‑
leur provient, pour une faible partie, des
frais d'extraction , pour la plus forte, des
frais d'épuration de minerai. L'emploi de la
vapeur à l'épuisement des mines, et à l'ex‑
traction du minerai a ruiné les premiers en‑
trepreneurs ; mais, comme il arrive toujours,
ceux qui sont venus après eux ont profité
des dépenses faites, et ont imprimé une éner‑
gique impulsion à l'extraction de l'argent.
Mais les frais infiniment plus considérables
de l'épuration restaient les mêmes à cause du
prix élevé du mercure avec lequel se fait
cette opération. Or, voilà que la Californie,
qui semble destinée à révolutionner le sys‑
tème monétaire, renferme en abondance non‑
seulement des mines d'or, mais des mines
de mercure. Voici un extrait du *Times* rap‑
porté par la *Presse* qui donne un carac‑
tère de certitude à ce fait annoncé déjà par
les journaux :

Presse du 24 janvier 1851.

On lit dans le *Times* :

« Nous apprenons qu'une des premières maisons de
Londres, faisant des affaires de commerce avec l'Amé‑
rique du Sud, a reçu hier, par le bateau à vapeur de
New-York, l'ordre de faire une assurance de 300,000
liv. st. sur du vif-argent à exporter de la mine de M.
Forbes (nouvel Almaden), en Californie. Ce vif-argent
sera probablement embarqué dans l'année, pour la con‑
sommation de l'Amérique du Sud, où il donnera une
impulsion active à la production de l'argent. »

Une mine de mercure vient également d'ê‑
tre découverte en Corse.

La science poursuit de son côté la solution
du problème de l'argent à bon marché. Elle
est sur la voie de meilleurs procédés destinés
à la régénération du mercure, qui a servi à un
premier amalgame. « On a peine à croire, dit
M. Dumas, qu'entre les mains d'un homme
exercé, ces méthodes ou des méthodes ana-
logues ne fussent pas suivies de succès. »

Enfin la galvano-plastie se fait fort en ce
moment de parvenir avant peu à dégager le
minerai d'argent des matières hétérogènes
auxquelles il est mêlé.

L'histoire a conservé le souvenir des per-
turbations profondes, qui furent produites
par l'affluence des métaux précieux après la
découverte du nouveau monde. Ne serait-il pas
prudent de se prémunir contre le renouvel-
lement d'une semblable éventualité? La cause des métaux précieux comme agent monétaire, est presque entièrement perdue ; et les
hommes d'Etat les plus pratiques, aussi bien
que les théoriciens les plus habiles, ont suffisamment relevé les avantages de la circulation en papier. Y a-t-il à hésiter, surtout
lorsque la nouvelle monnaie que nous pro-
posons est supérieure à l'ancienne, par la
propriété qu'elle a de porter intérêt?

Voilà, chers confrères, au point de vue de
l'intérêt général, les nombreux avantages du
système que nous préconisons. Envisageons-
le maintenant au point de vue de l'intérêt
tout spécial de l'agriculture.

Je n'ai pas le courage de retracer le désolant tableau, que vous connaissez trop bien du reste, de la situation financière de nos campagnes, de ce cancer de 13 milliards d'hypothèques qui s'élargit à vue d'œil, de l'industrie parasite des usuriers attachés au flanc de la propriété et suçant ce qui lui reste de vie. Jetons un voile sur ces plaies et songeons au remède.

L'absence complète de crédit pour l'agriculture tient à deux causes : l'énormité des intérêts résultant du mode actuel d'emprunt, et l'impossibilité où est le sol de rembourser à courte échéance les avances qu'on lui fait. Notre système remédie à ce double vice. L'intérêt descend, tous frais payés, à 4 0[0. Au lieu du remboursement à époque fixe, et de l'inévitable saisie qui attend patiemment sa proie au terme fatal, nous avons un amortissement de 1 0[0 par an. En sorte que le propriétaire emprunteur qui paiera, tout compris, 5 0[0 par an, n'a plus à s'occuper de la restitution du capital, et se trouvera libéré en quarante-un ans, plus tôt s'il lui convient de payer des à comptes.

Quant à notre vieux passif hypothécaire, qui s'élève en ce moment à 13 milliards, il se transformera promptement en billets à rente, par la subrogation volontaire de la banque foncière aux créanciers actuels. Quel est, en effet, celui de ces créanciers, qui n'acceptera pas avec empressement, comme compensation d'une diminution d'intérêts, les avantages suivants du nouveau mode de placement, qui sont du reste, età un bien moindre degré, ceux des fonds publics, et qui ont poussé la rente à 120 fr. dans les temps calmes : service exact des intérêts; --- placement sûr; --- absence de toute inquiétude sur la solidité et la conservation de l'hypothèque, et sur la surveillance de l'immeuble; --- dispense d'employer des tiers, soit pour le placement, soit pour la négociation du titre, et d'entreprendre de longues et coûteuses procédures pour être remboursé ; conversion en un mot du titre en monnaie par coupons de 100 fr. et au-dessus. S'il se trouvait des créanciers assez aveugles pour refuser ces avantages, il ne manquerait pas de capitalistes empressés d'offrir leur argent au débiteur, pour désintéresser ces créanciers, se substituer à leur place, et échanger ainsi leurs écus contre des billets à rente. Les capitalistes qui achetaient à 120 fr. une inscription de rente sur l'Etat sujette à tant de vicissitudes, et qui ne plaçaient ainsi qu'à 4 p. 100, ceux qui encore aujourd'hui ne retirent que 2 1⁄2 ou 3 p. 100 de leurs capitaux oisifs déposés chez des banquiers, se présenteraient en foule pour acheter des billets à rente, et expulser les anciens créanciers hypothécaires.

Ainsi donc pour le débiteur, plus d'intérêts ruineux, plus de terme de rigueur, plus

d'expropriation violente. A ces conditions,
il peut entreprendre avec profit et sécurité
des améliorations foncières.

Tous les jours on dit à nos cultivateurs :
imitez donc des anglais leurs magnifiques
travaux de drainage, qui débarrassent le sol
de son excès d'humidité, et donnent à l'ar-
gile une partie de la porosité du sable, tout
en lui conservant ses qualités propres. Et
ces nombreux cours d'eau qui sillonnent vos
vallées, n'est-il pas honteux qu'ils charrient
en pure perte à la mer leur limon fécondant,
au lieu de le répandre sur vos plaines, qu'ils
désaltèreraient en même temps dans les jours
de sécheresses. Puis viennent les sociétés
d'agriculture, qui disent de leur côté : aug-
mentez l'étendue de vos prairies artificielles,
le nombre de vos animaux, la dimension de
vos étables ; changez-nous surtout ce matériel incomplet et défectueux. Les cultivateurs n'ont qu'une chose à répondre à tout
cela, c'est qu'ils n'ont pas d'argent. Donnez-
leur donc le crédit : l'exemple de l'Allemagne, que nous vous avons cité, est là pour
démontrer aux plus incrédules ce qu'on peut
en attendre.

Des incrédules, comment pourrait-il y en
avoir ? Il y en a cependant, et ce sont leurs
pauvres raisons qu'il me reste à discuter.

C'est d'abord le vulgaire, peu accoutumé
à aller au fond des choses, jugeant sur l'éti-
quette du sac et s'écriant, lorsqu'on lui parle

de papier-monnaie : « Bon, voilà le retour des assignats. Pour peu qu'on entre dans cette voie, nous serons bientôt débordés. Le gouvernement ne se fera faute de recourir à ce facile moyen de battre monnaie. » Si vous demandiez à ces braves gens pourquoi l'Etat, dans les moments les plus difficiles, n'a pas battu monnaie avec des billets de banque, ils vous répondraient qu'il ne le pouvait, parce que la banque de France ne lui appartient pas. Eh bien ! voici ce que nous leur répondons : c'est que la banque foncière ne lui appartiendra pas davantage. Elle aussi sera une institution privée, dans les opérations de laquelle il n'aura pas le droit de s'immiscer, si ce n'est pour exercer son droit de surveillance.

Mais voici venir un adversaire plus sérieux, du moins par l'autorité du talent, si ce n'est par celle des raisons ; c'est M. Thiers, dans son fameux rapport sur l'assistance. Ses objections sont plus nombreuses que solides, comme vous allez en juger.

Il prétend d'abord que ce système favoriserait la tendance des paysans à acheter de la terre. Est-ce donc un malheur que, par les voies honorables du travail et de l'épargne, la terre passe aux mains qui la cultivent ? Au point de vue moral, on peut le nier formellement ; au point de vue économique et social, il est également permis d'en douter. Mais après tout, dans la crainte de créer de nouveaux propriétaires, serait-il raisonnable de maintenir dans la misère ceux qui le sont déjà ? Les améliorations que le crédit créera ne compenseront-t-elles pas amplement les acquisitions nouvelles qu'il pourra provoquer.

J'insiste d'autant moins sur cette première objection , qu'elle se trouve réfutée par la suivante. Le crédit ne profiterait , dit M. Thiers, qu'à la grande propriété, la seule qui existe en Allemagne et nullement à la petite. Double erreur : il serait aussi facile d'en faire profiter la petite propriété que la grande. De fait, en Allemagne même il en est ainsi ; car il est des contrées où la propriété est organisée démocratiquement, et très-divisée comme en France. C'est ce que constate l'excellent rapport de M. Josseau, qui a paru dernièrement au *Moniteur.*

M. Thiers se met encore en opposition avec les faits constatés en Allemagne, en affirmant que la facilité et la tentation des emprunts pourraient devenir, pour les propriétaires, une cause de ruine. Sans doute, on peut abuser des meilleures choses, mais pourquoi alors ne propose-t-il pas d'abolir la lettre de change, qui certes est la cause de nombreuses catastrophes? Pour prévenir les faillites , le plus simple est de supprimer totalement le crédit.

On n'obtiendrait après tout, ajoute-t-il, qu'un médiocre résultat ; on réduirait tout

au plus l'intérêt, dans les transactions immo-
bilières, de 6 à 5 dans les grands centres, de
7 à 6, et 8 à 7 dans les autres localités. Si
cette mesure a fait tomber l'intérêt à 4 dans
un pays pauvre comme l'Allemagne, je ne vois
pas pourquoi elle n'aurait pas un effet semblable dans un pays riche comme la France.

Il nie encore l'évidence des faits, et de
ceux-même qui se passent sous nos yeux, en
prétendant que le public, en France, n'a pas
de goût pour la monnaie de papier. Comme
si nous n'étions pas témoins de la faveur dont
jouissent les billets de banque, bien inférieurs cependant aux billets à rente, car ils
ne portent pas intérêt.

Ne va-t-il pas jusqu'à supposer que nous
préférerions à ce nouveau papier les fonds
sur l'Etat, et les rentes de Naples et d'Espa-
gne ; c'est-à-dire que nous aurions une plus
grande confiance dans des titres qui reposent
uniquement sur la garantie morale de l'Etat,
que dans ceux qui seraient assortis d'un gage
hypothécaire, et qui de plus pourraient faire
l'office de monnaie, à la différence des autres, qui ne sont transmissibles que par l'intermédiaire d'un agent de change. C'est pré-
cisément parce qu'il sait bien que les billets
à rente supplanteront les effets de bourse,
qu'il leur fait une opposition si acharnée.

Aussi ne craint-il pas de faire un appel à
tous les intérêts engagés dans la question, et
notamment à ceux des femmes et des mi-

neurs, dont il faudait supprimer les hypothèques occultes. Malheureusement, son influence a beaucoup contribué à faire triom-
pher cette objection, dans une première
délibération sur la réforme hypothécaire.
Mais nous espérons de la sagesse des législa-
teurs, ce que nous obtiendrions du reste plus
tard de la force des choses, et des réclama-
tions énergiques de l'opinion. Car sans pu-
blicité complète dans le régime hypothécaire, point d'organisation possible du crédit
foncier

Je ne m'arrête point à l'assertion suivante,
à savoir que les établissements de crédit en
Allemagne ont un caractère purement local ;
car cela prouve seulement que les Etats où
ils fonctionnent sont peu étendus. En France, c'est par la concentration et l'unité qu'on
élèverait cette institution à sa plus haute
puissance ; on obtiendrait par l'établisse-
ment de succursales tous les avantages de la
localisation, c'est-à-dire la connaissance
exacte des personnes et des propriétés.

Enfin, M. Thiers, se mettant à la remor-
que du vulgaire ignorant, ne craint pas lui
aussi d'évoquer le fantôme des asssignats. Je
reproduis ses propres paroles, parce qu'il
m'a semblé que leur vivacité trahissait plutôt
la passion de l'avocat d'une cause quelconque, que l'impartialité de l'homme d'Etat.

Après avoir dit qu'il consentirait néan-
moins à l'essai chez nous des institutions al-

lemandes , il ajoute , quant aux institutions
plus larges qui rentreraient dans l'esprit de
la proposition de M. Wolowski (et qui ne
sont autres que celles dont je viens d'exposer
les principes) : « Nous les repousserions ab-
solument avec la plus grande énergie ; car
ce serait une imitation des assignats, sans ex-
cuse des besoins publics ; ce serait une re-
production plus absurde , plus inique, plus
désastreuse, que toutes celles qui ont été in-
ventées jusqu'à ce jour. »

Voici, à notre avis, ce qu'on peut répondre à cette véhémente attaque. Quels sont
les caractères qui constituent l'assignat? Il y
en a trois : 1°. Le cours forcé , qui appelle
sur lui la défiance , et en amène la dépréciation; 2°. la promesse de remboursement, qui
est un mensonge en présence de l'insolvabilité
notoire de l'Etat, qui a été réduit à recourir
à cette mesure; 3°. la non productivité d'intérêts, qui fait de l'assignat une simple monnaie
et non un titre de placement. Le billet à
rente n'a aucun de ces trois vices : son cours
est facultatif, et il tire toute sa valeur de la
confiance du public; il ne promet pas un
remboursement mensonger, mais il est soumis à un amortissement graduel ; enfin , il
produit intérêt et joue ainsi le double rôle
de monnaie et de titre de placement.

J'en ai fini avec ce réquisitoire, qui malheu-
reusemeut a laissé dans le public et dans
l'Assemblée, comme on a pu en juger par la

dernière discussion sur le régime hypothécaire, une fâcheuse prévention contre les
institutions du crédit foncier. L'impuissance
évidente cependant des attaques dirigées par
un esprit aussi délié et aussi inventif, n'é-
tait-elle pas la plus éclatante justification de
ce système ?

Mais il ne faut jamais désespérer de M.
Thiers. Il viendra à résipiscence sur ce point,
comme il a paru le faire sur d'autres. Après
plus ample examen, il comprendra que si la
révolution de 89 a démocratisé le sol, celle
de 48 est appelée à démocratiser le crédit.
La seconde de ces mesures est, en effet, le
complément nécessaire de la première. Car
à quoi servirait d'avoir fait passer la propriété dans les mains du plus grand nombre, si on ne lui donnait les moyens de
l'exploiter avec profit.

Voilà, cultivateurs mes confrères, ce que
j'avais à vous dire sur ce sujet, je l'ai fait
avec l'espoir que, de votre côté, vous répan-
driez ces notions autour de vous. Lorsque
je vous pousse à faire une active propagande,
lorsque je vous prie de faire circuler cet
écrit, ce n'est point, croyez-le bien, par
amour-propre d'auteur, car je n'ai rien in-
venté en tout ceci, je ne suis qu'un modeste
metteur en œuvre; mais voici ma raison : la
cause du crédit foncier, comme tant d'autres
mesures utiles, est en baisse dans l'opinion
du public et surtout de l'Assemblée ; elle a

reçu un rude échec dans le vote qui maintient les hypothèques occultes. Elle ne peut se relever que par une imposante manifestation de la part des hommes personnellement intéressés à son succès , ou convaincus de ses bienfaits pour le pays. Il faut donc que le sentiment public s'éclaire, et se prononce ensuite hautement pour forcer la main au pouvoir; certes les Anglais n'y manqueraient pas. Allez donc et dites à vos concitoyens : il est honteux, qu'en matière de crédit, la France reste en arrière de la moitié de l'Europe, y compris la Russie même.

MARTINELLI.

Bordeaux. — Imprimerie de **LANEFRANQUE**, rue Montméjan , 40.

www.ingramcontent.com/pod-product-compliance
Lightning Source LLC
Chambersburg PA
CBHW070738210326
41520CB00016B/4493

* 9 7 8 2 0 1 3 7 4 2 0 8 5 *